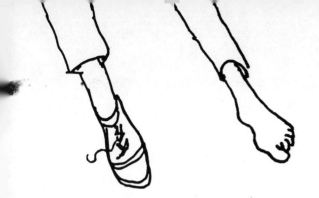

Cayendo
hacia arriba

Cayendo hacia arriba

poemas y dibujos de

Shel Silverstein

Traducción de Alberto Jiménez Rioja

LECTORUM
PUBLICATIONS, INC.
205 Chubb Avenue • Lyndhurst, NJ 07071

CAYENDO HACIA ARRIBA

978-1-933032-80-1
Printed in the U.S.A.

10 9 8 7 6 5 4 3 2 1
Library of Congress Cataloging-in-Publication Data is available

CAYENDO HACIA ARRIBA

Me enredé en el cordón
de uno de mis zapatos
y hacia arriba caí –
sobre la arboleda,
sobre los tejados,
sobre las montañas,
sobre los poblados.
Caí donde el ruido
se vuelve color
y al mirar abajo
tanto me mareé
que aunque no quería
hasta vomité.

CONECTADO

Blas conectó el ventilador,
Mar conectó el calefactor,
Sam conectó el televisor,
Flor conectó el microondas,
mamá conectó la aspiradora,
papá conectó la computadora,
yo conecté la lavadora.
¡Eh! ¿Por qué no hay luz ahora?

CAJA QUEJICA

Se ha salido el muñeco
de mi caja de sorpresas.
Dice que algo lo pincha,
le da calor y le pesa.

Que aquí hay una rajadura,
que no hay merienda en la caja,
que a veces se oye un graznido
que los oídos te raja.

Quejas y quejas solo me daba.
Por eso tuve que cerrar la tapa.

PAMELA

Qué mona es Ana Escalona.
Qué amable y buena persona.
Su pamela de ala ancha
da sombra hasta a las lombrices
y hace a todos muy felices.

Qué noble es Ana Escalona.
Qué amable y buena persona.
Con su pamela tan mona
le da sombra a los gusanos,
las ranas y las ratonas.

BOLA DE NIEVE

Me hice una bola de nieve
tan bonita y tan redonda,
y a mi lado la acosté
cual si fuese mi mascota.
Le hice una almohada mullida,
le hice también un pijama,
pero anoche se escapó
y encima… mojó la cama.

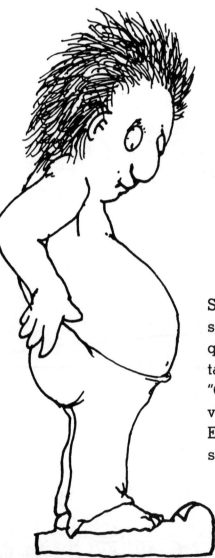

BÁSCULA

Si pudiera ver la báscula
seguro que mostraría
que he perdido muchas onzas;
tal vez montones de libras.
"Come tortas, come dulces,
vas a desaparecer".
Eso es lo que me diría
si yo la pudiera ver.

CARAMELOS PARA CERDITOS

Dijo a su papi el cerdito:
"Es una tienda de dulces.
Por favor vamos a entrar.
Prometo que como un niño
yo no me voy a portar.
¡Si me cargas, claro está!"

NO ES JUSTO

No se permiten mascotas en mi apartamento.
Eso no es justo; no hay derecho.
No se permiten mascotas en mi apartamento.
Yo no sé por qué lo han hecho.
Les he dicho que no ladra, que es tranquilo.
Que va a hacer sus *cosas* al parque, es su estilo.
Que es amoroso y tan manso que parece que flota.
Pero, sin embargo, no permiten mascotas.

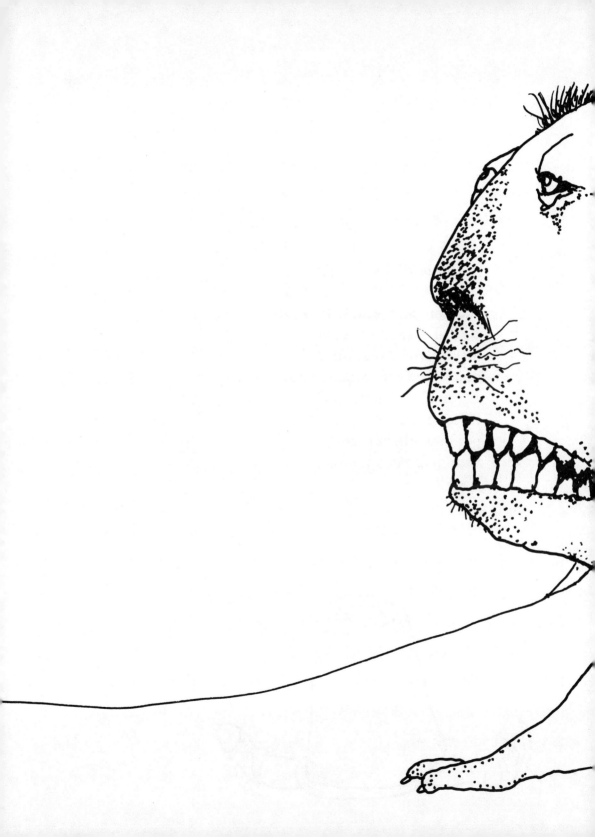

HERMANO PAPELERA

Alguien puso a su hermanito
bajo el cesto de basura.
Mas no voy a preguntar
quién hizo esta gran locura.
Alguien, y no digo quién,
tiene cara de culpable
por tirar a la basura
a un niño tan adorable.

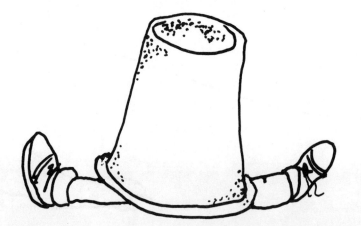

BOLA DE CRISTAL

Por unas cuantas monedas
te adivinaré la vida.
Deja que vea el pasado.
Esta ha sido tu comida:
cordero lechal asado,
ensalada de tomate,
jugo de melocotón
y tarta de chocolate.
¿Ves qué genial es mi bola?
Bueno, está bien, lo retiro,
no me lo ha dicho mi bola,
me lo ha dicho tu vestido.

CONSEJO

Guillermo Tell, Guillermo Tell.
Toma tu flecha, agárrala bien.
Apunta al centro de la manzana.
Fallaste un poco, casi por nada.

¡QUÉ HORROR!

Puse bajo el microscopio
un pedazo de sandía.
Vi un millón de cosas que dormían,
vi un trillón de cosas que se movían,
vi unas cosas verdes que se retorcían…
En mi vida vuelvo a comer sandía.

NO, GRACIAS

Que no, que no quiero un gato
ni gatito ni gatote
ni pelos en la comida
ni maullidos en la noche.

No quiero más arañazos
ni olor a lo que hace un gato
ni sofás hechos jirones
ni bigotes en mi plato.

Que no, que no quiero un gato,
ni mordiscos ni maullidos
ni tener piojos ni pulgas
ni alergias a los felinos.

Si me da usted un mono, vale,
si me da un tigre, pues bueno,
si tiene un tocino andante,
déjelo aquí, me lo quedo.

Tengo un cuarto para zorros,
cama para un elefante,
pero llévese al cachorro
antes de que se haga grande.
Es que... así es tan adorable...

LA MALDICIÓN DE MORGAN

Siguiendo la pista de un mapa del tesoro
llegué donde decía: "Excave justo aquí".
Cuatro pies más abajo mi pala dio en madera
y, como decía el mapa, un cofre descubrí.
En uno de sus lados leí estas palabras
de Morgan, un pirata desalmado y feroz:
"Maldito sea aquel que toque este tesoro".
Y se me heló la sangre y hasta perdí la voz.
Y sigo aquí, sin levantarme,
pensando qué será peor:
si quedarme sin el oro
o ganar la maldición.

AGUJAS Y LIENZO

Agujas y lienzo,
agujas y lienzo,
cósanme una vela
que atrape el viento.

Como un ciclón, fuerte,
cósanme una vela.
Carpintero, trae
clavos y madera.

Constrúyanme un barco,
clavos y madera,
para ir por los mares
buscando ballenas.

Buscando ballenas,
por el ancho mar.
Búsquenme marinos
y buen capitán.

Capitán, marinos,
llévenme a viajar
Capitán, marinos,
a un nuevo lugar.

TRAMPOLÍN

Llevas en el trampolín
ya no sé ni cuánto tiempo.
Ya has visto que no resbala,
ya has visto que aguanta el peso,
ya has visto que está cuidado,
ya has visto que está bien hecho,
ya has visto que no se dobla,
ya has visto que está derecho,
que tu ropa no se escurre,
que no te vas a caer.
Llevas comprobando todo
desde las tres menos diez.
¿No podrías, por favor,
zambullirte de una vez?

¿SEGURA?

Miro a la izquierda,
miro a la derecha,
antes siquiera
de mover un pie.
Nada por la izquierda
ni por la derecha,
creo que cuando cruce
segura estaré…

EL DÍA DEL RUIDO

Decretemos un día especial y divertido,
para que los niños hagan muchos ruidos.
Chillar, aullar, gritar, bramar,
tronar, bufar y resoplar,
tocar la guitarra y el acordeón,
toser y reírse a pleno pulmón,
patear las latas, tocar la bocina,
golpear las ollas en la cocina,
tocar el cuerno y tararear,
tocar el tambor, cantar y silbar,
sacudir las ventanas y dar portazos,
botar los balones y dar pelotazos,

taladrar paredes y martillar,
poner el tocadiscos a todo dar,
tirar manguerazos al cubo de basura,
gritar viva y yupi y arriba y hurra,
mascar haciendo ruido, sorber y soplar,
hipar, estornudar, sonarse y eructar,
botar y rebotar la bola de billar,
ir en monopatín por cualquier lugar.
Un día al año para hacer todo esto,
el resto de los días, silencio, por supuesto.

MI PRIMA, LA LISTA

Por darse un baño gratis
se ha metido, María,
en una lavadora
de la lavandería.
Va gira que te gira
con cara cenicienta;
puede que salga limpia
pero… ¿saldrá contenta?

¡QUÉ BURRO SOY!

Como yo no sabía montar mi bicicleta
¡Qué burro soy!, me dije, en una pataleta.
Entonces me ensillaron, saltaron sobre mí
y a trotar me obligaron por acá y por allí.
¡Arre, burrito, arre! ¡A trotar! ¡A trotar!
Como si fuera un burro me obligan a brincar.
Por eso hay que pensar muy bien antes de hablar.

DANIEL OSADO

El oso bailarín Daniel Osado
se escapó de la feria del condado,
se fue derechito a mi jardín
y se emperró en bailar para mí.
Y allí saltó, patinó y pateó,
brincó en cuclillas y zapateó,
bailó el can-can, bailó la polca,
bailó la rumba y el chachachá,
el tapatío y hasta la conga,
la salsa, la cumbia y un lindo vals.
Bailó un bolero y un pasodoble,
bailó un merengue, bailó un danzón,
una guaracha y hasta una plena,
y dio mil vueltas por el salón.
Cantó y bailó, sopló el silbato
y al dar un brinco perdió un zapato.
Y ahora está aquí, arrodillado,
y me sonríe y mira de lado;
adiós, ya los tengo que dejar,
Daniel Osado me sacó a bailar.

TRIFULCA MOBILIARIA

La manecilla del reloj
pellizcó el pie de la cama,
así que el pie de la cama
pisó el asiento de la silla
y el asiento de la silla
se sentó en la cabecera de la mesa
y la cabecera de la mesa
mordió la pata del escritorio
y la pata del escritorio
pateó el brazo del sillón,
así que el brazo del sillón
le dio al reloj un bofetón.
Se dieron tortas y topetazos,
codazos, pellizcos y porrazos,
y se rasgaron y se rayaron
y rodaron y estallaron
como alcanzados por un obús,
todos sufrieron un patatús
y las gavetas del tocador
llegaron rotas al comedor.
Cuando la luz, al fin, encendí
después de la gran trifulca vi
resortes, trapos y aserrín.

No es mentira, no es ficción.
Fue así que tu mobiliario
se rompió.

¿POR QUÉ SERÁ?

¿Por qué algunas mañanas
queda tan mal la ropa?
Quedan grandes las mangas,
el pantalón se acorta,
la camisa no abrocha,
no te entra la gorra...
¿Por qué algunas mañanas
queda tan mal la ropa?

¿PAPANATAS?

Por tragarme una baqueta
en el baile de las fiestas
dicen que soy papanatas,
¡por tragarme una baqueta!
Pero ¿por qué se molestan
por tamaña tontería?
¿Y por qué me miran mal,
sobre todo el batería?

PAZ PATICORTA
Y ZAC ZANQUILARGO

Paz Paticorta y Zac Zanquilargo
iban siempre juntos a todos lados,
se llevaban bien, les gustaba hablar,
todas las mañanas iban a pasear.

Un día Zac le preguntó a Paz:
"¿Es que tú no sabes andar de otra forma?
Me saca de quicio que vayas detrás.
¿Es que tú no puedes apurarte más?"

Y contestó entonces Paz muy indignada:
"Yo caminaré como me dé la gana".
"Pues entonces yo pasearé con otra",
le contestó Zac a Paz Paticorta.

Y ahora Zac camina sin hallar a nadie
que pasee con él con sus mismos aires
y recuerda triste los plácidos días
en que con su Paz Paticorta salía.

Sin embargo, Paz camina con garbo
sin soltar la mano de Dan Paticalmo.
Siempre van unidos con ritmo y compás:
nadie por delante, nadie por detrás.

MI ROBOT

Dije a mi robot que aseara la casa,
él bostezó y dijo: "¿Qué diablos te pasa?".
Dije a mi robot que hiciera un pastel,
él me replicó: "Tengo algo que hacer".
Dije a mi robot: "Arregla las camas"
y él me contestó: "No soy tu mucama".
Dije a mi robot: "Ábreme la puerta"
y él respondió: "Abre tú. ¿Estás muerta?".
Dije a mi robot que me hiciera un caldo,
y él dijo: "Mejor… hazme tú a mí algo".
Dije a mi robot que me hirviera un huevo,
él dijo: "No sé… Si me ruegas puedo…".
Dije a mi robot: "Canta una canción",
él dijo: "Depende… ¿Me das un millón…?".
Vendí a mi robot, porque no entendía
quién mandaba a quién, quién obedecía.

EL OJO MORTAL

Es el ojo mortal
de Besugo Voraz.
¡Que no se te ocurra
mirarlo al pasar!
Si al pasar lo miras,
pronto morirás…
Por eso no debes…
¿Lo has mirado ya?
Pues descansa… *en paz*.

LA VOZ

Hay una voz dentro de ti
que dice sin parar:
"Yo sé qué es bueno para mí,
yo sé lo que está mal".
No hay maestro, ni cura,
ni padre, ni amigo
ni sabio que pueda decir
mejor que esa voz interior
qué es bueno o malo para ti.

EL VIAJE DE ROMUALDA

El columpio oscila,
las cuerdas se sueltan,
el asiento sube
y Romualda vuela.

Su corazón canta,
su camisa ondea,
su chaqueta flota,
su pelo flamea.

Las campanas tañen,
el gentío celebra,
y la madre llora,
gime y se lamenta.

Entonces pum pam
llega hasta su falda
por correo aéreo
su hija Romualda.

EL MONO

Un monito, solo 1,
el más travieso de to2,
vio 3 bananos en una mata
y se sintió dichoso.
Se comió 4 bananos;
luego 5, el muy glotón.
Entonces como a las 6
sintió un tremendo dolor.

¡Qué malestar, que desas3!
Fue a visitar al doctor
que le dijo: no sea ler2
o verá al enterrador.
Y el monito contestó:
"Le voy a ser bien sin0:
mañana en el desay1
me comeré solo 1."

IMAGINANDO

Sólo estás imaginando
que en tu pelo hay un ratón.
No sigas imaginando
que hay ratones a montón.
Creo que estás imaginando
pues te gusta sentir miedo.
Créeme, no mentiría:
No hay ratones en tu pelo.

41

CEREAL

El arroz tostado se queda crujiente
y a veces susurra casi alegremente:
pip, pap, pop, pap, pop... dice entre dientes.
Y las zucaritas con leche caliente
jamás harán grumos o algo inapetente.

Las hojuelas seguirán tostadas
aunque las sumerjas en la mar salada.
Y para mostrarte su amor infinito
desde el desayuno hasta la merienda
las ricas hojuelas sabrán estupendas.

Todos los cereales seguirán flotando,
podrán ser muy ricos, podrán ser tostados.
Pero yo quisiera que inventaran uno
que fuera:

muy suave
esponjoso
mojado
brumoso
empapado
pegajoso
espeso
blando
pastoso
¡y muy, muy sabroso!

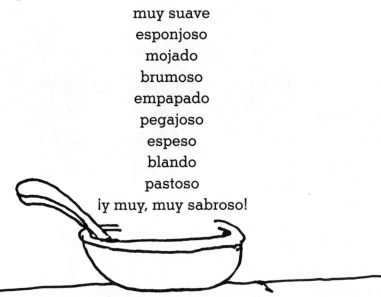

POR LA ACERA

Dicen que si pisas una grieta
le romperás la espalda a tu mamá.
Pues vaya tontería, ja, ja, ja...
Ups –plaf–. Lo siento, ma.

MARI LA GRITONA

Mari Pomerán gritó un grito tan fuerte
que sus cejas ardieron y arrugaron su frente;
gritó tan fuerte que su quijada se rompió,
su lengua se incendió y su nariz humeó,
los ojos le hirvieron y se le cayeron;
su boca fue al norte, su nariz al sur,
sus dientes volaron, su voz hizo mu,
la cabeza entera del cuello saltó,
subió la colina, por riscos trepó,
tras el alarido los cielos surcó.
Esto le ocurrió a Mari Pomerán.
(Sé que los gritones… me lo creerán.)

RUTH LA TATUADORA

Los cuellos me aprietan,
la ropa es muy cara,
las chaquetas pican y me dan calor.
Ruth me tatuó un traje que es muy divertido
porque todos creen que yo voy vestido
y, evidentemente, la verdad es que no.

PINOCHO

Pinocho, Pinocho,
el niño de maderocho
cuya nariz crecía
si era mentirocho.

Pinocho, Pinocho,
su vida era un chistocho
hasta que encontró un zorro
con un rojo capocho.

Le llamaron: "Pinocho
ven a actuar con nosochos.
Bailarás y cantarás
de Tombuctú hasta Tokiocho".

Mas vendieron a Pinocho
a un feriante que furiocho
lo encerró en una jaula
y lo maltrató prontocho.

Pero Pinocho, Pinocho,
de la jaula se escapocho,
y fue al país de los niños
a jugar con juguetochos.

MENTIRA 1 MENTIRA 2 MENTIRA 3 MENTIRA 4 MENTIRA 5 MENTIRA 6 MENTIRA 7 MENTIRA

Luego despertó Pinocho,
con orejas de burrocho,
tristes lágrimas de niño,
y su corazón rotocho.

Corrió a su casa Pinocho
en busca de su papocho,
pero él se había ido al mar
y hasta el mar se fue Pinocho.

Perdió la vela Pinocho
y entonces muy mojadocho,
fue a parar a la barriga
de un enorme ballenocho.

Pero, Pinocho, Pinocho,
hizo allá adentro un fuegocho.
La ballena estornudó
y él salió con el humocho.

Pinocho, Pinocho,
al otro día despertocho
sin su larga narizota
ni orejas de burrocho.

Y emocionado gritó:
¡Ya yo no soy de madera,
soy como todos los niños
tanto adentro como afuera!

EL AVERTÚ

En el invierno las aves van al Sur,
pero hacia el Norte vuela el avertú.
Castañea el pico, bate sus alas,
y su cabeza se agita helada.
"No me gusta tanto el frío", dice,
"no es que me encante la Navidad,
pero es que a veces es agradable
volar solito por la ciudad".

AVIÓN DE PIEDRA

Me fabriqué un avión de piedra
porque prefiero quedarme en tierra.

COMPARTIR

Compartiré tus juguetes, compartiré tu dinero,
compartiré tus tostadas, me gustan mucho y las quiero;
compartiré tus zapatos, tus medias y hasta tu abrigo.
Duro será compartir, lo que es mío, contigo.

LA ESTACIÓN DE CINCUENTA HELADOS

Cuando el tren del circo se detuvo
en la estación de los Cincuenta Helados
todos los animales se bajaron
y fueron a ordenar entusiasmados:
"Yo de vainilla", dijo la ardilla.
"De nata y fresa", rugió la tigresa.
"De chocolate", barritó el elefante.
"Yo de avellana", croó la rana.
"Lima y limón", rugió el león.
Y les dijo el heladero:
"Deberán pagar primero".
Muy pronto se pudo oír
barritar, aullar, gruñir,
relinchar, ladrar, gañir
y el tragar del puesto entero,
los cincuenta y un sabores:
cincuenta y el heladero.

CONCURSO DE COMER

Dos dólares me costó la entrada,
veinte los bocadillos y las papas.
La cuenta de hospital fue
casi, casi ciento diez.
¡Pero un premio de cinco dólares
yo gané!

¿QUIÉN ES QUIÉN?

Los cisnes y los gansos
tenemos mala suerte.
La gente nunca sabe
cómo se llama quién.
Si voy por ahí andando
me gritan: "¡Mira, pato!".
¿No ven que soy un ganso?
¿Es que no me ven bien?

53

EL CUMPLE DEL DRAGÓN DON

Va el dragón cruzando el lago.
Va pensando en su regalo:
un bizcocho de canela.
De un soplo enciende las velas.

EL OSO, EL FUEGO Y LA NIEVE

"La nieve me da pavor,
huyo de ella", dice el oso,
"pues cuando uno está achacoso
el frío causa dolor.
La nieve me da pavor".

"El fuego me da pavor",
dice temblando la nieve,
"me derrite su calor,
yo me alejo cuando viene.
El fuego me da pavor".

"El río me da pavor.
Me hace temblar", dice el fuego,
"puede ahogarme, no es un
juego,
me hace temblar de terror.
El río me da pavor".

"El oso me da pavor,
puede beberme de un trago",
dice el río, y más abajo,
el oso dice asustado:
"La nieve me da pavor".

PIESERO REMENDÓN

De tanto andar me gasté los pies…
¿Te haces idea de lo raro que es?
Fui al remendón y él dijo: "¡Ajá,
necesitas plantas y talones ya!".

Tomó unas tachuelas y una nueva piel
y con mucha prisa pespunteó y grapó
y rápidamente los zurció y pegó
y ya, finalmente, brillo les sacó.

Pero al llegar la hora de pagar,
"Son diez dólares", dijo, sin titubear.
Por poco me caigo; tanto me asombré:
Hubiera podido comprar nuevos pies.

BLOQUEO DEL ESCRITOR

Mi nueva computadora
tan útil y encantadora,
es un caudal de saber.
Con esta computadora
no hace falta profesora
pues todo lo puede hacer.
Ordenar y deletrear,
corregir y acentuar,
archivar y subrayar
editar, seleccionar,
resumir y hasta copiar.
Escribiré un libro en un momento.
(En cuanto a ella se le ocurra el argumento).

PROTECTORA

Como Beatriz Pomales es protectora de los animales,
con ilusión el Día de los Animales está esperando.
Aunque la veas con su nueva piel de zorro, no te extrañes
porque el zorro que ella usa está vivito y coleando.

UN TONTO FABRICANTE DE LÁPICES

Algún tonto hizo este lápiz mal
con la goma donde la punta va,
Tiene la punta arriba, pero qué estupidez.
Me sorprende lo tonta que alguna gente es.

¡VAYA CATARRO!

Este catarro mojó mi camisa
alcánzame un Kleenex... y que sea de prisa.
Resoplo y jadeo,
voy a estornudar,
yo ya no sé si puedo aguantar...

Achís... poco papel para tanto moco,
tráeme uno de tela, que este es muy poco.
No, achís, no deliro: no es una broma,
el pañuelo se ha empapado,
una toalla es algo más adecuado.

Achís... la toalla de baño no basta,
no he visto cosa igual, pero qué plasta.
A ver si me apaño
con este gran mantel,
no... tráeme la bandera del cuartel.

Achís... tráeme la ropa del armario,
achús... tráeme la ropa de la cama
y las cortinas de las ventanas
y las alfombras que hay en el suelo,
que con este catarro yo no puedo.

Achús... ve corriendo hasta el circo,
anda, pídeles que te presten la carpa.
¿Dices que nos la prestan?...
Aquí llega, ¡Oh, qué bien!
Aquí está ... ¡ACHACHÚSS!... ya se fue.

NUEVO MUNDO

Todos los árboles cuelgan y oscilan,
los autos flotan, las casas giran.
De vez en cuando me gusta ver
cómo es el mundo visto al revés.

ABECITORRE

Balancear mi ABC
me toma de doce a tres.
No he podido agarrar la T
ni parar a atrapar la P.

EL RESTAURANTE CHOCANTE

Pedí una chuleta de ternera
y alguien mugió: "¡No hay manera!".
Al levantar la vista me di cuenta
de que era una vaca la camarera.

Entonces dije: "¡No, no… nada de carne,
me equivoqué; tomaré pollo asado!".
Oí un cloqueo… Ay, qué mala pata:
No sabía que el mesero era un gallo.

Dije entonces: "Hoy nada de ave,
mejor me comeré un buen lenguado",
pero cuando miré hacia la cocina
noté que el cocinero era un pescado.

Chillé con fuerza y dije: "¿Alguien de aquí
es cebolla, brécol o remolacha?
¿No? ¿Están seguros? Pues muy bien,
solo me comeré una ensalada".

"¡Oh, no!" exclamaron todos a una voz.
"El dueño de la fonda es una col".

QUERRÍA-PODRÍA-DEBERÍA

Los Querría-Podría-Debería
estaban tomando el té
hablando sobre lo que
quisieron-pudieron-debieron.
Los Querría-Podría-Debería
huyeron y se escondieron
cuando aparecer vieron
a un pequeñísimo *hecho está*.

LA ÚLTIMA ACTUACIÓN DE SIBILA LA MAGA

Sibila la maga tan tacaña era
que mataba de hambre a su conejo.
Ni una zanahoria le compraba
y al pobre le colgaban los pellejos.
Un día en medio de una función
cuando fue a sacarlo del sombrero
sintió una sacudida, un empujón,
y... desapareció de cuerpo entero.
"¡El mejor espectáculo del mundo!",
le gritamos a Sibila con afán,
pero sólo quedaba su sombrero
y el ruido de un conejo que mascaba:
"Ñam, ñam, ñam, ñam, ñam, ñam".

CONGRESO ASQUEROSO

Al Congreso Asqueroso
se presentó todo el mundo:
Cara Pocha, Gracia Astrosa,
Momia del Aliento Inmundo.

Asistió Eructo Apestoso,
Limo Vil, Tufo Rastrero,
y hasta Ana Tres Cabezas
junto a Gimo Babosero.

Fue Daniel Nariz de Sierra,
y hasta el del nombre indecible,
Bob Plasta, Pies Apestosos,
y el Hombre Medio Invisible.

También fue Hedor Andante,
y hasta Juan Putrificante,
y muchos otros maleantes
que no habíamos visto antes.

Y contamos las historias
de los fétidos amigos
y todos nos preguntamos…
en dónde te habrías metido.

JARDINERO

"Niño", le dijimos,
"ve a regar las plantas,
¡pero no con eso!
Abróchate, anda."

MEDUSA

Se erizan, se enroscan, serpentean,
estos cabellos me desesperan.
Uno susurra: "Cola de caballo",
otro chilla: "Moño de soslayo",
otro dice: "Rodetes sesgados",
otros gritan: "Trenzas a los lados",
otros braman: "Lavado y secado",
otros gruñen: "Rizos y amarrados",
otros bufan: " Yo decolorado".
¿Cómo los voy a peinar
si siempre están alborotados?

COMO NO TENEMOS PINTURAS…

Pintemos un cuadro con nuestra comida.
Para el morado exprimiremos uvas,
para el rojo, tomates y cerezas,
el verde, será pasta de lechuga,
el amarillo, yema con mayonesa,
para el negro, caviar de beluga,
para el naranja, calabaza espesa
y el marrón, una libra de trufas.
Firmaremos con jugo de frambuesa,
lo titularemos: "Nuestra comilona"
y lo expondremos para que la gente
se pare… lo admire… y *coma*.

EL ÑOÑO, LA ARAÑA Y EL ÑU

Al ver al gnomo Ñoño
pegarle a uña araña
que picaba la ñariz de su ñu
le dije: "Gnomo Ñoño,
la araña ño te ha hecho ñada,
¿por qué le pegas tú?".

Él dijo meñeañdo el moño:
"Ay, perdóñ por la maña
pero es que las arañas
me poñeñ ñervioño.
Ño lo haré más. ¡Ño, ño!".

DE LA MANO

Alguien dijo "démonos la mano".
Luis se la dio a Miguel,
Miguel se la dio a Rosa,
Rosa se la dio a Daniel,
quien dio la otra a Nora,
que ya le daba una a Luis.
¿Sabes tú por qué he acabado
dándome la mano a mí?

LA BUFANDA

¿Dices que me quite la bufanda,
que me siente y que descanse un rato?
Es muy gentil de tu parte pero,
niño, deja que te cuente algo.
Hace unos años me batí en duelo
con el conde de Funestatesta,
resbalé y con su espada me golpeé,
dio en mi cuello… me arrancó la cabeza.
La recogí y con cuidado la encajé
pero como bien del todo no quedaba
tratando de que no se me cayera
tuve que ponerme esta bufanda.
Si me la quito de golpe y porrazo,
mi vacilante cabeza cortada
terminaría cayendo en tu regazo.
Ahora que ya sabes mi historia,
ahora que conoces el porqué,
si aún quieres que me quite la bufanda…
¡lo haré!

DIFÍCIL DE COMPLACER
(Para recitar sin respirar)

Eva me subleva
Chema me quema,
Tom es gruñón,
Ron es llorón,
Quique, un alfeñique,
Toño es ñoño,
Manuelo es lelo,
Jacobo es bobo,
Rafa es piltrafa,
Rosa es sosa,
Luci es cursi,
Alonso es sonso,
Flora me atora,
Curro es burro,
Roco es loco,
Bruno, inoportuno,
Bea me marea,
Leo es feo,
Paco es pataco,
Pascual es brutal.
Todo el mundo
me cae mal.
(¡Fiu!)

DICEN QUE TENGO...

La nariz de mi padre
dicen que tengo
y los ojos, no dudan,
son de mi abuelo;
el pelo es de mi madre y yo me temo
que lo único mío es mi gran trasero.

EL TRAGAJUEGOS

No tienes que recoger tus juguetes.
Puedes dejarlos tirados en el suelo.
Verás qué pasa cuando esta noche llegue
el hambriento y temido Tragajuegos.
Masticará tus soldados y camiones,
convertirá tus títeres en tiras,
se tragará tu carrito, se zampará tus pinturas
y morderá tus muñecas queridas.
Se limpiará con la vela de tu barco
su boca sucia después del banquete.
Eructará, luego se irá. Está bien,
no tienes que recoger tus juguetes.

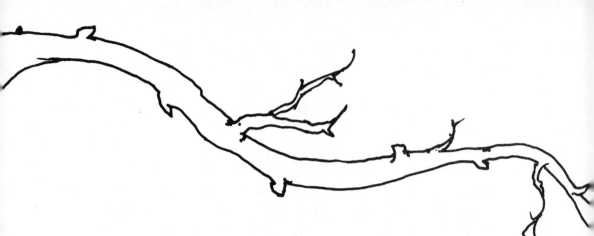

DESCRIPCIÓN

Jorge dijo: "Dios es bajo y gordo".
Luis replicó: "Es alto y delgado".
Eva afirmó: "Tiene barba blanca".
"No", dijo Juan. "Él está afeitado".
Guille dijo: "Es negro". Pedro dijo: "Es blanco".
"Él es una Ella", Rosa protestó.
Yo me sonreí, más no les mostré
la foto firmada que Dios me envió.

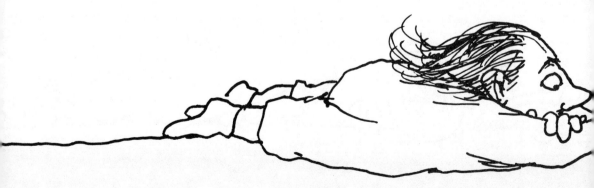

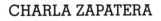

CHARLA ZAPATERA

No tengo con quien hablar...
le hablaré a mi zapato.
Tiene lengua, alma también;
es interesante el dato.
Lustroso, resplandeciente,
bien atado y pulcro es,
pero no habla de más nada
que de pies, pies, pies... y pies.

EL ZOO DE GENTE

Me atraparon un alce y un caribú,
me amarraron con una cuerda fuerte
y me arrastraron hasta Animalú
para encerrarme en el zoo de gente.

Vivo en una jaula muy, muy pequeñita.
(No permiten gente suelta por ahí.)
Me dan pan y té todas las mañanas
y los animales me observan a mí.

Señalan, se ríen y a veces me escupen.
Aunque, por suerte, no me pueden pegar.
Gritan: "¡Niño, queremos un truco!"
pero yo prefiero sentarme a pensar.

Si vienes a verme, ruge, muge o ladra;
procura fingir que eres un animal,
pues si te descubren te pondrán en la jaula
número veintidós del zoo de la ciudad.

NO DAR DE COMER A LOS NIÑOS

ZOO
JAULA

¡ATENCIÓN!
ESTA CRIATURA
ES SALVAJE Y
PELIGROSA

EL SACADOR DE LENGUA

En un lugar llamado Zanzíbar
un chico sacó su lengua tan lejos
que llegó al cielo, tocó una estrella
y se quemó tanto que ardieron sus pellejos.

Yo no lo vi, pero hay quien dice
que su lengua mantiene escondida
Pero si insistes en que la saque
verás su larga lengua adolorida.

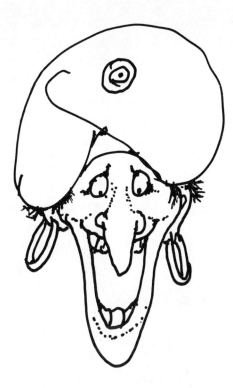

HIPNOTIZADO

¿Te gustaría que te hipnotice?
Mira fijamente mis narices.
Ya estás mareado, estás aturdido,
ya estás, estás, estás… dormido.
Ya podré manejarte a mi antojo.
Busca la ropa y ponla en remojo,
lustra mis botas, córtame el pelo,
sacude el polvo y friega el suelo.
Rasca mi espalda, haz mi comida,
ásame un pavo con col hervida.
Friega los platos, parte el jamón,
busca unos clavos, fija el portón.
Despierta ya. ¿No es estupendo?
Vuelve mañana si estás contento.

EN TORNO A LA HOGUERA

Me senté junto a la hoguera
con un diablo, un hombre lobo y un vampiro
para contarles la historia de don Asensio Asesinos,
y el demonio echó a correr
y no se le ha vuelto a ver.

Me senté junto a la hoguera con el lobo y el vampiro
para contar las proezas de Ronaldo Tres Cabezas,
y el hombre lobo brincó
y del susto se marchó
corriendo y dando aullidos.

Me senté junto a la hoguera
justo al lado del vampiro
y le recité el poema *Esqueleto de huesitos*,
y ahora sólo quedo yo…
¿por qué me dejan solito?

FLORES ROJAS PARA TI

Puede que sea de ortigas,
o de zarza sin aroma…
¡Pero te traje tu ramo!
Eh… ¿No aceptas una broma?

MI JARDÍN DE NARICES

Tengo filas y filas de narices floridas,
no sé por qué motivo se me darán tan bien;
no son nardos ni rosas, son narices mocosas
que arman gran alboroto al sonarse a la vez.

Chorrean y son rojas porque están catarrosas,
y, aunque nacen y mueren igual que cualquier flor,
no se pueden vender ni ninguna otra cosa,
ni esperar que las premien en una exposición.

Pero cada mañana con mi larga manguera
yo riego las narices que crecen sin parar,
estas narices rojas que olfatean contentas
aunque a mí me parezca que ya huelen muy mal.

¿Por qué en vez de rosas me crecen las mocosas?
Eso nadie lo sabe, qué le vamos a hacer.
A falta de rosas, llévese unas pocas,
yo le garantizo que estornudan bien.

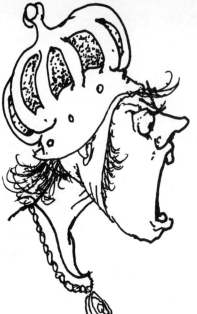

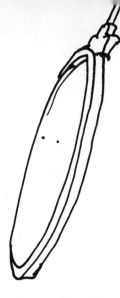

ESPEJO, ESPEJITO

REINA: Espejo, espejito de la pared,
         ¿quién la más bella de todas es?

ESPEJO: Blancanieves, Blancanieves es,
         te lo he dicho del derecho y del revés.

REINA: Espejo, espejito de la pared,
         ¿qué pasaría si te dejo caer?
         Te darías un gran trastazo,
         te partirías en pedazos
         y en la basura pararía usted.

ESPEJO: ¡Eh!... Vale, vale, pregunta más.

REINA: Espejo, espejito de la pared,
         ¿quién la más bella de todas es?

ESPEJO: ¡Tú, tú, tú y solamente tú,
         la más bella de todas eres tú!
         (¡Fiu!)

LA MOCOSA CONSENTIDA

La mocosa consentida le puso un abrigo al gato,
la mocosa consentida agujereó sus zapatos,
la mocosa consentida provocó una discusión
por decir que un roedor era una rata o un ratón.

La mocosa consentida machacó una bicicleta,
la mocosa consentida le hizo a un poli pataletas,
la mocosa consentida le llamó foca a su hermana
y se sentó en su muñeca hasta dejársela plana.

La mocosa consentida dice muchas palabrotas,
la mocosa consentida le arranca alas a las moscas,
la mocosa consentida se cayó en un caldero
y fue parte del cocido que se sirvió de primero.

Pero pese a la pimienta,
el perejil y la sal,
las cebollas y el aceite,
ninguno quiso probar
ni pizca de aquel cocido
que olía bastante mal.

MOCOSA
CONSENTIDA

COCIDO

OBEDIENTE

Mi maestra me dijo: "Niño no me obedeces,
no te quedas sentado, alborotas y chillas;
es por eso que ahora vas a estar castigado
de cara a la pared hasta que yo lo diga"
y allí sin lloriquear estuve todo el día.
Todos se fueron; oscureció
y mi maestra me olvidó.
Como era viernes allí pasé
todo el fin de semana.
Y llegó el lunes y me quedé
esperando a que sonara la campana.
De julio a agosto allí pasé
todas las vacaciones de verano,
así seguí, muy obediente,
hasta que las vacaciones terminaron.
Obedeciendo a mi maestra
hasta septiembre estuve allí,
pero ¡horror! que cerrarían la escuela
en otoño descubrí.
Tapiaron puertas y ventanas
y se mudaron a otro sitio.
Y llevo aquí cuarenta años entre polvo, oscuridad y crujidos
esperando a oír la voz de mi maestra que me levante el castigo.

Yo creo que mi maestra no quiso decir eso
pero, ante la duda, yo siempre le obedezco.

GLUB, GLUB

Pensé que era un charco grande
para pasar chapoteando
y chapoteando crucé,
pero resultó que era
un lago, el más pequeño
y el más profundo, también.

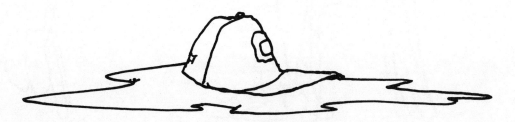

LA GALLINITA DE ORO

Sí, asamos la gallina que ponía los huevos de oro
y por eso sé que piensas que todos estamos locos.
Pero es que teníamos hambre y resulta trabajoso
tratar de comerse hervido un duro huevo de oro.
Si hubieran sido normales ella estaría entre nosotros.

ALFREDO EL ALCANZADOR

En vez de decir, "Pásame los guisantes",
estiraba el brazo y los cogía al instante.
En vez de susurrar: "Chuleta, por favor",
la agarraba pinchándola con el tenedor.
A pesar de los consejos de papá,
a pesar de los ruegos de mamá,
Ricardo continuó estirando el brazo
y le fue creciendo pedazo a pedazo.
Dijo Ricardo: "Parecerá grotesco
pero con mi brazo todo lo pesco".

ENCANTADA

Los reto a entrar en la casa encantada
que se alza en el Cerro de los Alaridos,
donde raros seres de ojos amarillos
acechan desde ventanales carcomidos.
Al salir la luna entraremos al patio
donde la maleza repta como dedos,
después cruzaremos la puerta chirriante
y el vestíbulo oscuro que da tanto miedo.
Tratando de no pisar la sangre,
subiremos la retorcida escalera,
pasaremos por el panel secreto
que da al cuarto de la cama crujidera
donde tantos crímenes ocurrieran.
Y las arañas caerán sobre nosotros
y los espectros aullarán
como horribles pesadillas
y los murciélagos chillarán
y los truenos estallarán.
Cantaremos con los zombis,
bailaremos con los muertos,
le hablaremos al fantasma
que lleva un hacha en los sesos...
Y ... ahora que lo pienso con cuidado,
¿por qué mejor no vamos a comer helado?

SEÑOR CASCARRABIAS

Aquí está don Cascarrabias
con su cara enojada
Dale la vuelta y verás…

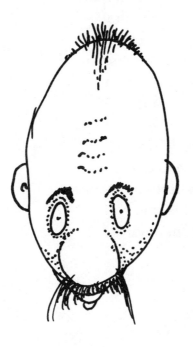

al mismo don Cascarrabias:
al revés.
¿Esperabas algo más?

EN CADA ALMUERZO

Siempre abro mi fiambrera
esperando encontrar
un sándwich, una fruta,
galletas o algo más.
Pero, alerta y siseando,
lista para saltar,
encuentro otra serpiente
venenosa y mortal.
Por eso cada día
quedo muerto de hambre.
¿Es posible que esté
enojada mi madre?

CANGU ROMÁN

Morder, saltar, saltar, morder,
¿qué más puedes hacer?
Mascar zarzas hasta el final
si un *canguro* has de ser.

Vives aquí en el matorral
lejos de la ciudad,
con otros veinte canguros
en un *cangurogar*.

Si tienes ganas de bailar
solo agitas las patas
y brincas dentro de tu choza
hecha de *cangurramas*.

Pero otras veces te levantas
De un humor peliagudo
y gritas a todo el mundo—
Eso es muy *cangurrudo*.

Ningún canguro es como tú:
ágil e inteligente,
por eso te eligieron rey
y eres *cangurregente*.

Te hornearon una tarta real,
ayer de madrugada.
Al verla brincaste en ella
¡y quedó *canguarruinada*!

PALOMA PILAS Y SUS 25 ANGUILAS

Paloma tiene veinticinco anguilas.
Una se esconde en su axila,
una forma un corazón,
otra es un cinturón,
dos atan sus zapatillas,
una cubre su rodilla,
cuatro le sirven de ruedas,
una es un reloj pulsera,
una es un bonito anillo,
dos le sirven de zarcillos
una le hace de llavero,
otra le sujeta el pelo,
una le ofrece café,
otra mueve el consomé,
una sirve de batuta,
de aro, otra diminuta,
una aguanta su revista,
otra se pasa de lista,
una muestra su pendón,
otra le amarra un mechón.
y otra está por tiempo breve
en la página 59.

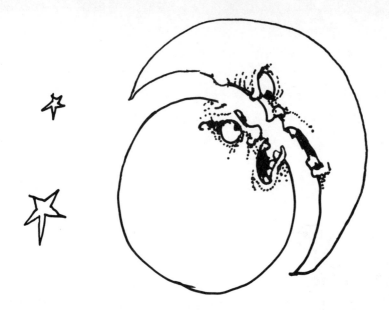

BATALLA SIDERAL

No era de noche ni era de día
porque el sol y la luna se veían,
Una situación que estaba bien
menos para ¿ya sabes quién?

Ambos presumían de brindar más luz,
ambos proclamaban ser el más bonito,
así empezó la guerra espacial:
el sol lanzó un golpe, la luna un mordisco.

Por el ancho cielo fueron dando tumbos,
un chillido, un grito, una quemadura,
la luna arrancó un trozo del sol
y el sol le quemó la cara a la luna.

La luna acabó roja y chamuscada;
la noche siguiente se quedó en la cama.
El sol muy cansado, su cabeza herida,
no pudo salir hasta el mediodía.

CANIJO

Decían que crecería otro pie
cuando cumpliera los diez.
Es cierto, otro pie crecí,
¿tenía que ser así?

LA MOMIA

Me envolví en papel higiénico
de los pies a la cabeza.
Me envolví en papel higiénico
qué diversión, qué proeza.
Me envolví en papel higiénico
por ser una momia egipcia.
Me envolví en papel higiénico
y me llaman inmundicia.

ANA Y LA SAUNA

"Ana, ven, ven a la sauna".
"No, gracias, no tengo ganas".
"En la sauna hay una iguana".
"Pues sigo sin tener ganas".
"Y también hay una rana".
"Que no, que no tengo ganas".
"La iguana se comió la rana
y el tiburón a la iguana:
ya puedes entrar en la sauna".
"Pues no, no me da la gana".

LA GATA, LA NIÑA Y LA MAMI

"¿No ves que soy una gata?", dijo la gata,
"¿y que siempre lo seré?
¿Por qué te asombra que ronde de noche?
¿Por qué te apena que rasguñe el coche?
¿Por qué te enferma que meriende ratas?
Soy un gata".

"¿No ves que soy una niña?", dijo la niña,
"no puedo ser como tú.
¿Por qué te enfadas si voy dando saltos?
¿Por qué suspiras si brinco en un charco?
Si hago lo que hago ¿por qué tanta riña?
Soy una niña".

"¿No ves que soy una mamá?", dijo la mamá,
"no trates de hacerme sabia.
¿Por qué explicarme cómo son los gatos
o decirme: *son niños* a ratos?
¿Que sea paciente y calmada? ¿Ajá?
Soy una mamá".

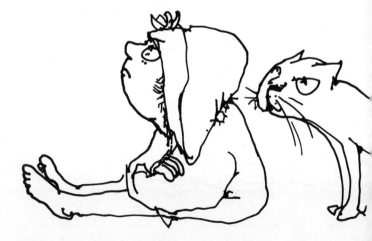

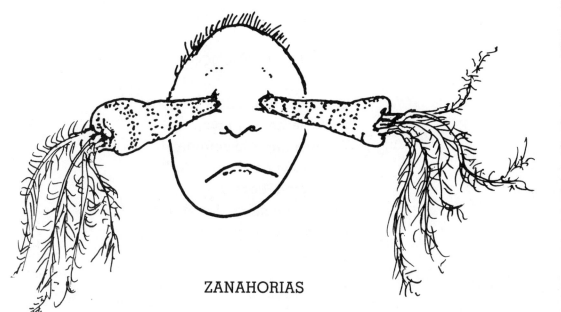

ZANAHORIAS

Las zanahorias, dicen, benefician la vista,
para los ojos, dicen, no ha habido cosa igual,
mas yo veo peor desde que me las puse.
Ay, caramba, qué lata, ¿me las coloqué mal?

EL DESAYUNO

Oh, cocodrilo, sal de la cama,
contéstame, por favor.
Vengo a darte tu comida.
¿Habrás visto al cuidador?
Fuma pipa, lleva gorra
y es muy amable don Bruno.
Iba a venir a ayudarme
a darte tu desayuno.

BAILANDO
BAJO LA LLUVIA

Qué importa que chorree,
salpique o gotee.
Chapotearé por el jardín
y bailaré incansable.
Que llueva sobre mí.
El agua no entrará…
Soy impermeable.

TEO EL MENTIROSO

Teo es un mentiroso:
miente y miente con ahínco.
Dice que tiene cien años
aunque sólo tiene cinco.
Dice que vive en la Luna,
dice que un día voló,
dice que mide dos metros
y mide uno con dos.
Jura que tiene millones
y no tiene ni un centavo
que montó en un dinosaurio
en un tiempo del pasado;
y que su madre, la Luna,
le ha enseñado mil conjuros
y que su padre que es mago
siempre adivina el futuro.
Dice que convierte en oro
las montañas y las rocas,
dice que transforma en hielo
al fuego en cuanto lo toca.
Prometió enviarme diez duendes
para acabar el trabajo,
y como es tan mentiroso…
me ha enviado solo *cuatro*.

CORREDORES

¿Por qué nuestro equipo corre con tanto aliento
y salta entusiasmado con celo y con fervor?
Todo se lo debemos a nuestro entrenador
y a nuestro esplendoroso campo de entrenamiento.

EL MANDO

El mando es como el de la tele,
pero controla a los papás:
pulsas lo que quieres que hagan
y sin titubear lo harán…
¿Quieres que baile? Pulsa el cinco.
¿Quieres que cante? Pulsa el tres.
¿Quieres que aumente tu mesada?
Sin dudarlo pulsa el diez.
¿Quieres que calle? Pulsa el cero.
Con el catorce lo harás toser.
¿Quieres que no te moleste
ni te grite qué hay que hacer,
que no mande por un rato?
Desconecta el aparato.

NADA DE ADULTOS

No se admiten mayores.
Es que estamos jugando
y no necesitamos
consejos ni reclamos.
Organizamos un club
y no se admiten mayores.
El juramento secreto
es para los fundadores.
Vamos a comprar pizza…
No se admiten mayores,
Vamos nosotros solos.
¿Nos dejarán en paz?
Ah, sí, se admiten mayores,
a la hora de pagar.

EL PUERCOESPÍN

¿Quién lavará sus orejas,
quién dará brillo a sus púas,
quién le peinará la cola,
quién le hará la manicura?

Blas lavará sus orejas,
Ana peinará su cola,
Tú darás brillo a sus púas
¡Yo tengo que hacer la compra!

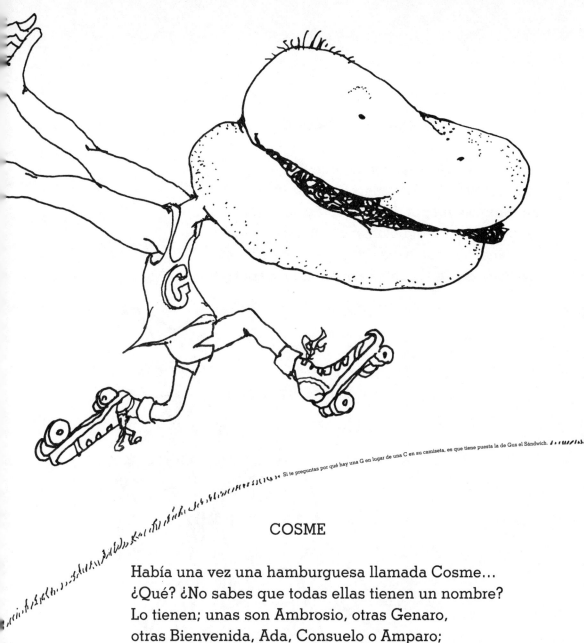

Si te preguntas por qué hay una G en lugar de una C en su camiseta, es que tiene puesta la de Gus el Sándwich.

COSME

Había una vez una hamburguesa llamada Cosme...
¿Qué? ¿No sabes que todas ellas tienen un nombre?
Lo tienen; unas son Ambrosio, otras Genaro,
otras Bienvenida, Ada, Consuelo o Amparo;
algunas tienen apodos, como Boca o Batata,
otras nombre y apellido, como Pepiniano Matas;
y, como tú, cada una es única y especial,
así que, antes de morderla, sé atento, sé cordial,
pregúntale cuál es su nombre propio y particular.

PEZ PARA MOSTRAR

Encontré un lenguado y me dije: "¡Ajá,
lo llevaré a la escuela para mostrar y contar!",
pero me olvidé por completo, ¡Ay, mamá!,
de llevarlo a la escuela para mostrar y contar,
Y bueno… desde hace dos semanas aquí está.
¡Lo llevaré a la escuela para mostrar y apestar!

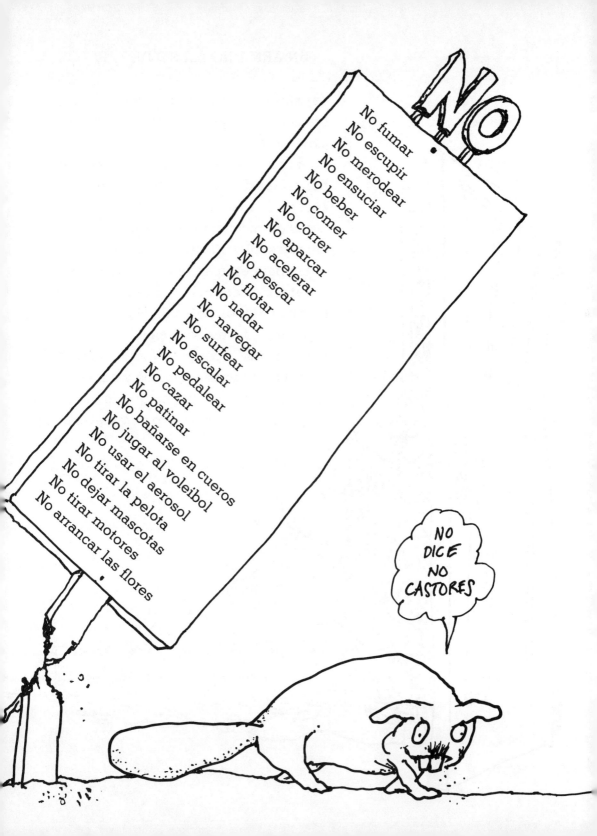

UN ARMARIO LLENO DE ZAPATOS

Zapatos de fiesta con adornos y lazos,
botas de trabajo con acero en los tacos,
zapatillas de casa, zapatillas de baile,
botas para llevar con el impermeable,
bailarinas de seda y antiguos botines,
zuecos de madera y livianos mocasines,
botas de bicicleta y cómodos escarpines,
chinelas, playeras y dos chapines,
botas para escalar, botas de bicicleta,
zapatos de cordones, sandalias y chancletas,
botas de fútbol, botas de clavos,
zapatos de taco alto, zapatos de taco bajo,
plataformas, alpargatas, polainas y pantuflas,
chinelas lanudas, chanclos y hasta babuchas.
Entre tantos zapatos uno quiero encontrar:
el que con este que llevo completaría el par.

LAS TEJEDORAS

Estaba sentada y tejiendo
un jersey para Leonora
y me dije al terminar:
"Soy tremenda tejedora".
Y una araña preguntó:
"¿Podrías tejer al vuelo?
¿Puedes hacer un tejido
que vaya del techo al suelo
y que el viento lo traspase
sin moverlo ni romperlo?
¿Podrías agarrarte de él
y balancearte en un pelo?
Si puedes, podrás decir:
Ah, qué bien. Yo sí que tejo".

UNA DE DIECISÉIS

No se me da bien la historia,
en ciencias me quedo tieso,
odio la sociología,
en música no progreso,
el inglés me da manía,
con la aritmética choco,
la economía me lía,
en gimnasia me sofoco,
la lectura es tan dura,
en geografía me pierdo,
la química me tortura,
en biología me duermo,
en dibujo hago manchones,
me estrello en astronomía,
en botánica ni flores,
¡soy bueno en *hortografía*!

VILLASINCOCOS

Vendo sombreros en Villasincocos…
No se los pierdan, no sean locos.
De ala estrecha o ancha, blancos o rojos.
Se venden sombreros… en Villasincocos.

Vendo sombreros en Villasincocos…
Coronas, pamelas, boinas y gorros.
¿Es que a nadie le gustan los sombreros hongos
en este bello pueblo de Villasincocos?

Vendo sombreros en Villasincocos…
Seguro que con maña alguno coloco.
Como dice el refrán:
querer es poder
(¡he vendido zapatos
en Villasinpiés!).

EL OLVIDADIZO DE PAUL REVERE

¿Eran dos si por tierra
y uno si por mar?
¿O era uno si por tierra
y nada si por mar?
¿O nada si por tierra?
¿O sería un par?
Esta memoria mía
está fatal…
y con tanta niebla
veo muy mal
y esta silla tan dura
me va a matar.
Ay, vaya nochecita
que voy a pasar.

EL GLOBO HUMANO

¡Qué viva el Globo Humano!
Después de beber sodas,
gaseoso e inflado,
flatulento e hinchado,
se levanta del suelo
y se dirige al cielo
cargando a unos mozuelos
que silban y lo aclaman
y aplauden al compás,
mas por lo bajo ruegan
que no se escape el gas.

SIENTO HABERLO DERRAMADO

El jamón está en la colcha,
el huevo está en la sábana,
el panecillo dulce
debajo de la manta,
En el colchón, la leche,
el jugo está en la almohada…
¿No dijiste que querías
el desayuno en la cama?

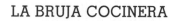

LA BRUJA COCINERA

Sabía que Catalina
la Cocinera era bruja,
pero soy tan insensata
que le grité: "¡Oye, Cata,
hazme un bocadillo!", y ZAS…
¡lo hizo!

LAS TRES EN PUNTO

TALÁN… TALÁN… TALÁN…
De campanero encontré trabajo,
creí que tendría que tirar de la cuerda.
¡Ay no, estaba equivocado!

EL MONSTRUO JE

¿Qué está saliendo
de entre la niebla?
¡El MONSTRUO JE!
Está suelto,
y si su cola
es tan larga,
¡imagínate el resto!

CATAVENENOS

Soy la catavenenos, vaya que sí,
para catar tu comida estoy aquí;
puedes morirte en medio minuto,
déjame probar, no seas bruto.
¿Esa limonada es de un limón entero?
Deja que la pruebe yo primero.
Mmm, bien, y esas fresas tan hermosas...
deja que examine si son venenosas.
Pero la hamburguesa, ¿será segura
o podría llevarte a la sepultura?
Ahora probaré tu helado de nata
(esperemos que no estire la pata).
Mmm, está bien, todo parece bueno,
dame el último trozo; puede tener veneno.
Mmm, se acabó el peligro, vaya que sí,
¡Ves cómo he arriesgado la vida por ti!

DAN EL DENTISTA

Fan el fentista ef mu buen amigo
y fiempre que fuedo lo llevo conmigo.
Me arrefla lof fientes con corcho y fomina
con chiclefs ufados y cofas muy finas.
Mif cariefs frellena con dulfefs y chocof.
Ef un gran fentifta, el mejor de todof
Tref hurraf entonces a Fan el fentista:

iFif- fif- huuurrraiiifff!
iFif- fif- huuurrraiiifff!
iFif- fif- huuurrraiiifff!

iFamos donde Fan el fentista, huuurrraiiifff!

CUENTA QUE TE CUENTA

El profesor don Carrasco
guardó moscas en un frasco
y preguntó: "¿Quién me dice
cuántas moscas he guardado?
El que las pueda contar
con más aproximación
ganará una bicicleta
y un hermoso acordeón".

Yo comencé a contar,
ellas revoloteaban.
Iba ya por tres millones
cuatrocientas treinta y tres
cuando una en pleno vuelo
tuvo un bebé pequeñuelo
¡y hube de volver atrás
para empezar desde cero!

PERRO GUARDIÁN

Esta noche me estreno de perro guardián,
justamente esta noche que es Nochebuena,
el árbol y las medias he de cuidar
para que esta noche sea tranquila y serena.

¿Y ahora, qué es eso? ¿Pisadas en el techo?
¿Será un gato o será un ratón?
¿Quién se desliza por la chimenea?
Tiene barba blanca ese ladrón
y lleva un gran saco color marrón.

Le ladro, le gruño, le muerdo el trasero,
él chilla, él grita y salta al trineo,
sus raros caballos escapan volando…
Los he espantado. Pero qué ajetreo.

Todo está otra vez en paz y en silencio,
el árbol hermoso, brillante y derecho.
Mañana los niños estarán contentos,
cuando vean lo bien que yo lo he hecho.

¿BITUMINOSO?

El carbón duro se llama bituminoso
¿o eso era la antracita?
Las estalactitas crecen hacia abajo
¿o eran las estalagmitas?
Las nubes esponjosas son nimbos;
no, espera, ¿no eran cúmulos?
Y el niño criado por los lobos
¿era Remo o era Rómulo?
Los brotosauros no comían carne.
¿Será que eran carnívoros?
¿O se llamaban brontosaurios?
¿O es que eran herbívoros?
El camello es un paquidermo
¿o lo es el dromedario?
Este fósforo es inflamable
¿o más bien es incendiario?
Los octágonos, no los hexágonos,
no, los heptágonos tienen siete lados.
La fruta no se trata con pesticidas
¿o serán insecticidas?
Si veo a través de algo,
¿es transparente o traslúcido?
Es que con algunas cosas
me confundo... ¿o me "confucio"?

CLASE DE MÚSICA

Debí estudiar el violín,
o tal vez el acordeón,
o la flauta tan liviana,
o quizás el saxofón.
Pude estudiar el violín,
pero quise estudiar piano
y el profesor es tan ruin
que vive en un sexto piso.
Yo debí estudiar violín.

¡AAH!

Fui al zoológico de acariciar ah-ah, ah-ah,
y mimé al bebé de la llama ma-ma, ma-ma,
y mimé al pequeño mofeta, ta-ta, ta-ta,
y mimé a una yegua pequeña ña-ña, ña-ña,
y mimé a un osito además, ma-ma, ma-ma,
Pero hice una cosa muy mal hecha cha, cha, cha.
Mimé a la leoncita ¡Ay, ay, ay!
¿Cómo me voy a abrochar?
¡Buaaah!

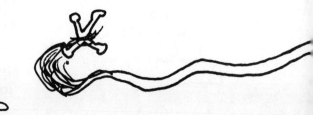

TABAS GATUNAS

No juegues a las tabas
con la gata Jaguar,
pues no querrá jugar
si no la dejas ganar.
Y si tardas demasiado
se pondrá a gimotear.
Ella dirá lo que quiera
pero lo suyo es leonino,
no hay derecho a los engaños
de este tramposo felino.

HISTORIA DE HELAR LA SANGRE

Esta historia es horrible,
de espanto, aborrecible,
es de soltar mil gritos,
de hacer cortocircuitos,
convirtiendo en cubitos
de hielo el corazón
(quiero oírla de nuevo:
menuda aberración).

¿LA MEJOR CARETA?

Al concurso de caretas espantosas
me atreví a presentarme por chaveta
y logré el primer premio. ¡Ay, qué pena!
porque yo concursaba sin careta.

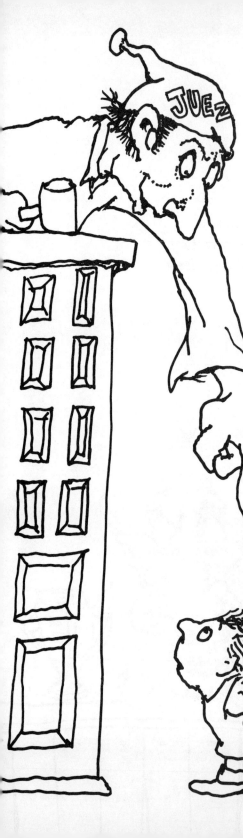

EL TOMADOR DE SIESTAS

Yo no me tomé una siesta,
la siesta me tomó a mí:
me levantó de la cama,
me sacó por la ventana
y me trajo a este país
repleto de dormilones
que guardan como tesoros
sus sueños en los arcones.

En cuanto llegué a esta tierra
a mí me entró un sofocón
pues la gente me gritaba:
"¡Danos la siesta, ladrón!".
Me llevaron al juzgado,
donde el juez me señaló
y dijo: "Estás acusado
de ser un gran dormilón".

"Qué egoístas son los niños,
solo piensan en ustedes,
les da igual si ese sueño
tal vez tenía otro dueño.
Esa siesta que tomaste
con toda tranquilidad
es de Blas Bolerabolo,
aquel que verás allá".

"Está agotado y lloroso,
lleva mucho sin dormir
y se le cierran los ojos,
¿quién lo habrá dejado así?".
El jurado gritó: "¡Tú,
tú!" (y lo decían por mí),
"Si le devuelves la siesta,
quizá te dejemos ir".

Grité: "¡No tengo esa siesta!
Se lo juro, lo prometo,
si la tomé sin querer,
la he dormido sin saberlo".
"¡Tonterías!", gritó el juez,
"tu historial lo dice claro:
anoche *robaste* un beso y
te *tomaste* un descanso".

"*Cascas* nueces, *pegas* sellos,
te has llevado más de un chasco
has matado una hora o dos,
agujereas los zapatos
y las pelotas *disparas*,
robas naipes cuando juegas;
además, se ve la culpa
en tu cara soñolienta".

"Vuelve ahora mismo a la cama,
purga tus culpas llorando.
Te condeno a dormir siesta
treinta millones de años.
Y cuando otros chicos vean
la siesta de no acabar
a tomar la siesta de otro
no se atreverán jamás.

CAMPAMENTO MARAVILLA

Voy al Campamento Maravilla,
que está junto al lago Bienestar
cerca de la montaña Divina,
en el valle de la Tranquilidad.
Dicen que es verde y hermoso,
que los ángeles lo hicieron,
su lema es: "Sé justo y cuidadoso".
Ya sé que me resultará odioso.

TIEMPO DE CALIDAD

Como mi padre es golfista,
mi nariz es su soporte:
le pone la bola encima
para pegarle los golpes.
Dice que así compartimos
el placer de su gran swing.
Es genial tener a un padre
con tiempo que compartir.

ESE SER DENTRO DE TI

Dentro de ti, niño,
dormita un anciano
que sueña, que espera su momento.
Dentro de ti, niña,
duerme una anciana
que anhela enseñarte un baile lento.

Sigue jugando,
sigue corriendo,
sigue saltando; el día llegará
en que esos ancianos
que hay en tu interior
despierten… y salgan a jugar.

PROHIBIDO EL PASO

Por fin terminé mi casa de no pasar:
una casa llena de privacidad,
una casa llena de mucha paz,
una casa llena de soledad.
No hay puerta para llamar
ni ventanas para atisbar.
Una casa perfecta de no pasar
pero… ¿cómo voy a entrar?

NO PASAR

PRIVADO

ALÉJESE

¡SOCORRO!

Caminaba por el bosque cuando vi algo:
un unicornio con el cuerno encajado en un árbol.
Gritaba: "¡Por favor, que alguien me libere!".
Le contesté: "¡Te ayudaré!". Y él me dijo: "¿Puedes?
¿Me dolerá mucho? ¿Llevará mucho tiempo?
¿No será perjudicial para mi pobre cuerno?
¿Cuánto vas a cobrarme? ¿Vas a poder sacarme?
¿Tienes que hacerlo hoy? ¿No es preferible el martes?
¿Has hecho ya algo así? ¿No tienes herramientas?
¿Estás autorizado a sacar cornamentas?
¿Te deberé un favor? ¿Qué favor será ese?
¿No le harás daño al árbol? ¿Seguro? ¿Lo prometes?
¿Debo cerrar los ojos? ¿Me siento o me levanto?
¿Tienes algún seguro? ¿Te has lavado las manos?
Y cuando me liberes… entonces ¿qué?, ¿eh?, ¿qué?
¿Y si cuando te marches me atasco otra vez?.
Dime qué, dime cuándo,
dime dónde, dime cómo…"

Allí seguirá, supongo.

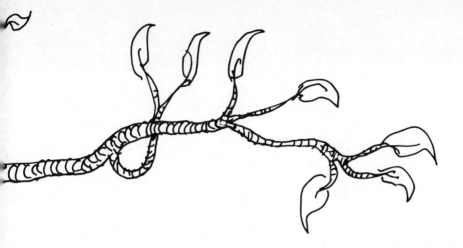

CARRERA DE SACOS

Ya es hora de la carrera de sacos.
Sí, estoy listo, dispuesto y preparado.
Sí, corro por primera vez:
¿en qué me lo has notado...?

TRES PICADURAS

Cuando a Jorge lo picó una abeja, dijo:
"No me habría picado si no hubiera salido".
Cuando le picó a Miguel, éste gritó dolido:
"¿Qué he hecho yo? ¿Por qué este castigo?".
Cuando le picó a Luis no escuchamos quejas,
sino: "Ya sé algo más sobre las abejas".

¿HUEVXPERTO?

Estos huevos
son huevcelentes.
y no estoy huevxagerando.
Verás por mi huevxpresión
que no estoy huevfantasiando.
Huevxtra espumosos,
Muy huevsabrosos,
Cocidos con huevprecisión
por un huevconocedor.
de gran huevxperiencia
Tráigame la huevscuenta.
¡Oh, está más huevscaro
de lo que creía!
Ya tengo que irme.
¿Dónde es la huevsalida?

149

¡PUAJ!

Pisé algo asqueroso a la orilla del río
e intenté quitarlo con la caña de mi tío,
el pegote pasó a la caña y al sacarlo
se pegó en el medio de la palma de mi mano.

Traté de limpiarlo y se pegó al balde,
llamé a mi perro por si podía ayudarme,
la plasta se le pegó y él se frotó contra el gato,
y quedaron los dos asquerosos por buen rato.

Mis amigos y vecinos acudieron en mi ayuda
y ya estamos embarrados y sin solución alguna,
lo que viene a demostrar lo que sucede
cuando uno pone el pie donde no debe.

OLIMPIO

Olimpio es muy requetelimpio,
del lavado es un fanático,
tiene seis lavabos en su cuarto
y doce bañeras en el ático.
Se baña antes de ir al colegio
y se enjuaga en cuanto regresa;
y enjabonándose el pelo
en el recreo lo encuentras.
Se compra desodorantes
para oler requetebién,
dispone de un manicuro
para cada uña del pie.
Nunca juega al béisbol
sin llevar dos bastoncillos,
por si el viento arenoso
le ensuciara los oídos.
Se esteriliza las manos
con solución antiséptica.
Y no come nunca papas
porque crecen en la tierra.

Y se cepilla los dientes
con impulso y energía
antes, después y (perdón)
durante cada comida.
Tiene una ducha en la cama
que suelta agua jabonosa
por si alguna vez soñara
con una cosa asquerosa.
Ha contratado a un señor
llamado don Quique Mugre
que le enjuga el sudor
en cuanto se lo descubre.
Y se ha hecho un baño nuevo,
musical y con sillín,
por no salirse del agua
ni en las clases de violín.
Por eso, si lo visitas,
asegúrate de estar
más limpio que una patena,
lleva tu propia bañera
y descálzate al entrar.
Si lo quieres visitar…

DIME

Dime que soy listo,
di que soy amable,
di que soy gracioso,
di que soy sociable,
di que soy sensible,
cordial y capaz,
di que soy perfecto...
mas di la verdad.

USO PARA UN ALCE

Las astas de un venado
como es bien sabido
son el lugar perfecto
para secar vestidos.
Es rápido y barato, pero debo decir
que he perdido mucha ropa secándola así.

ALGO NUEVO

Dicen: "Inventa algo nuevo
y todos lo comprarán".
Inventé un paraguas de papel
pero nadie lo quiso llevar.

Luego hice un chicle reutilizable
(¡da tanta pena tirarlos!);
después, un helado de mostaza
pero nadie se atrevió a probarlo.

Ahora inventé el barco de fondo-tapón,
que es maravilloso y viene muy bien,
pues si le entra agua, lo destaparás,
y el agua se sale en un santiamén.

LA LOCURA DE LOLÍN

Lolín feliz
se fue a Berlín,
compró un patín,
probó a saltar,
perdió su gorro,
perdió un muñeco,
se dio de morros,
contra su perro,
que aulló maltrecho:
"¡Vuelve al patín!"
y le dio un mordisco
justo en el pompín.
Por eso Lolín
ya no es feliz.
¡Qué patatín!

LOS SONRISEROS

El gruñón, grimoso y grasoso Gigante,
cansado de su triste y mohíno semblante,
nos contrató para estirarle sin demora
las comisuras de su encorvada boca.
En eso estamos aquí desde hace un año,
con mucho esfuerzo y sudando todo el día.
Es que a veces cuesta trabajo
conseguir que alguien sonría.

CUANDO YO TENÍA TU EDAD

Mi tío me dijo: "¿Cómo vas al colegio?",
y yo le dije: "En bus", y vi que sonreía.
"Yo a tu edad, iba a pie y descalzo,
diez kilómetros recorría cada día".

Mi tío me dijo: "¿Cuánto peso levantas?",
y yo le dije: "Un saco de grano", y él rió.
"Yo a tu edad conducía una carreta
y levantaba un ternero, así era yo".

Mi tío me dijo: "¿Cuántas peleas llevas?",
y yo le dije: "Dos… y en las dos me zurraron".
"Yo a tu edad peleaba a diario", dijo él,
"y nunca, nunca, nunca me pegaron".

Mi tío dijo: "¿Cuántos años tienes?",
y yo le dije: "Diez y medio", entonces
mi tío sacó pecho y anunció:
"Pues, yo a tu edad… tenía once".

LENGUAJE CORPORAL

Dijeron mis pies: "Ponte a bailar".
Dijeron mis dientes: "Ponte a comer".
Dijeron mis ojos: "Ponte a dormir".
Dijeron mis piernas: "Ponte a pasear".
Dijeron mis sesos: "Ponte a pensar".
Dijeron mis manos: "Ponte a escribir".
Dijo mi trasero: "Me voy a sentar
hasta que todos dejen de opinar".

GUS AURICULAR

Gus Auricular llevaba cascos
toda la noche y todo el día,
pues prefería oír su música
a las bobadas que le decían.

En medio del tráfico atronador
escuchaba violines y arpas,
y en los callados caminos rurales
oía el piano en vez de las vacas.

Si le pillaba una tormenta
no oír los truenos le venía bien,
y cuando cruzaba sobre los rieles
oía trombones en vez del... *tren*.

LA HISTORIA DEL EX CAPATAZ

Llevamos tractores, grúas y excavadoras
para demoler la casa de los Pérez.
Tiramos chimeneas, quitamos tuberías,
arrancamos bisagras, derribamos paredes,
desmontamos las puertas, rompimos las ventanas,
cortamos los pilares, volamos el tejado,
excavamos el sótano… hasta que alguien gritó:
"¡Eh, los Pérez no viven ahí… viven al lado!"
(Quizá por esta razón sin trabajo me he quedado).

LA ISLA DEL NIÑO HAMBRIENTO

Voy hacia la isla del Niño Hambriento,
navegando sin prisa por el radiante mar,
seguro que allí encuentro algún necesitado
con quien compartir mi almuerzo y conversar.

Pero ¿por qué la llamarán de esa manera?,
yo no veo niños por ningún lugar;
otra razón más para acercarse a verla.
Resolveré el misterio y podré disfrutar.

EL CUENTO DE LA CIGÜEÑA

Sabes que la cigüeña trae bebés,
pero, ¿sabes también
que viene y se lleva a los mayores
cuando le viene bien?

Baja fugaz y los recoge
y se los lleva con esmero
de regreso hasta la fábrica
donde a todos nos hicieron.

Allí les estiran la piel,
los músculos tonifican,
les alisan las arrugas,
y los huesos fortifican.

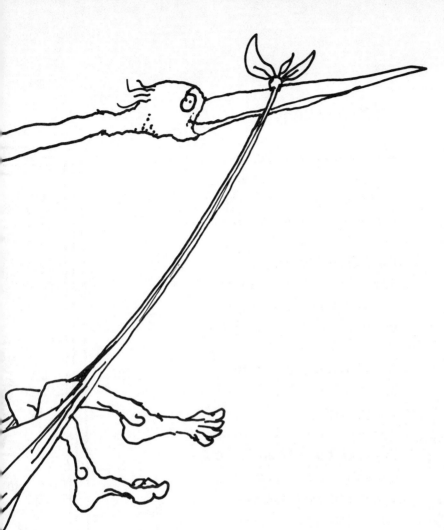

Les enderezan la espalda
y los dientes les reponen,
y ajustan el corazón
para que vuelva a ser joven.

Eliminan sus recuerdos,
los achican, he sabido,
y entonces los traen de nuevo
como recién nacidos.

UN SUEÑO RARO

Anoche tuve un sueño raro:
daba clase en mi aula,
mis maestros eran niños
y yo era quien mandaba.

De deberes les ponía
aprenderse de memoria
datos, fechas, personajes,
de muchos libros de historia.

Los mandaba a investigar
las afueras de Mongolia,
y a cultivar por la noche
unas veinte mil magnolias.
Preguntaba cuántas lágrimas
causaba una mala nota
y si contestaban mal,
los colgaba por idiotas.

Si hablaban o se reían
yo los colgaba del techo
y ellos gritaban tan alto
que me desperté contento.

EN EL PAÍS DE...

En el país de Miracomochillan
los de Hacienda te acribillan.
¿Te gustaría vivir en Miracomochillan?

En el país de Gimoteaillora
trabajas gratis y por dormir te cobran.
¿Te gustaría vivir en Gimoteaillora?

En el país de Remiendospegote
los hombres tienen bebés y las damas bigote.
¿Te gustaría vivir en Remiendospegote?

En el país de Recrerecreo
te hacen estrella de cine si eres feo;
y si tienes grande el trasero y el cuello de fideo,
la nariz de oso hormiguero y los ojos de pigmeo.
¡Vámonos todos a vivir a Recrerecreo!

EL CASTILLO

Es el fabuloso castillo de Ahora.
Puedes pasar y hasta vagar,
pero es tan estrecho
que en cuanto has entrado,
estás ya del otro lado.

ÍNDICE

¡Aah!, 136
Abecitorre, 63
Agujas y lienzo, 23
Alfredo el alcanzador, 93
Algo nuevo, 156
Ana y la sauna, 103
Avión de piedra, 49

Bailando bajo la lluvia, 108
Báscula, 12
Batalla sideral, 100
¿Bituminoso?, 134
Bloqueo del escritor, 58
Bola de cristal, 17
Bola de nieve, 11

Caja quejica, 9
Campamento Maravilla, 142
Cangu Román, 97
Canijo, 101
Caramelos para cerditos, 13

Carrera de sacos, 147
Catavenenos, 129
Cayendo hacia arriba, 7
Cereal, 42
Charla zapatera, 79
Clase de música, 135
Como no tenemos pinturas…, 70
Compartir, 50
Concurso de comer, 52
Conectado, 8
Congreso asqueroso, 67
Consejo, 18
Corredores, 110
Cosme, 115
Cuando yo tenía tu edad, 159
Cuenta que te cuenta, 131

Dan el dentista, 130
Daniel Osado, 31
De la mano, 72
Descripción, 78

Dicen que tengo…, 75
Difícil de complacer, 74
Dime, 154

El avertú, 48
El castillo, 171
El cuento de la cigüeña, 166
El cumple del dragón Don, 54
El desayuno, 106
El día del ruido, 26
El globo humano, 123
El mando, 112
El mono, 40
El monstruo Je, 127
El Ñoño, la araña y el ñu, 71
El ojo mortal, 37
El olvidadizo de Paul Revere, 122
El oso, el fuego y la nieve, 55
El puercoespín, 114
El restaurante chocante, 64
El sacador de lengua, 82
El tomador de siestas, 140
El tragajuegos, 77
El viaje de Romualda, 39
El zoo de gente, 80
En cada almuerzo, 96
En el país de…, 170
En torno a la hoguera, 84
Encantada, 94
Ese ser dentro de ti, 144
Espejo, espejito, 88

Flores rojas para ti, 85

Glub, glub, 91
Gus Auricular, 161

Hermano papelera, 16
Hipnotizado, 83
Historia de helar la sangre, 138
¿Huevxperto?, 149

Imaginando, 41

Jardinero, 68

La bruja cocinera, 125
La bufanda, 73
La estación de Cincuenta
    Helados, 51
La gallinita de oro, 92
La gata, la niña y la mami, 104
La historia del ex capataz, 163
La isla del Niño Hambriento, 165
La locura de Lolín, 157
La maldición de Morgan, 22
¿La mejor careta?, 139
La mocosa consentida, 89
La momia, 102
La última actuación de Sibila
    la maga, 66
La voz, 38
Las tejedoras, 119

Las tres en punto, 126
Lenguaje corporal, 160
Los sonriseros, 158

Mari la gritona, 44
Medusa, 69
Mi jardín de narices, 86
Mi prima, la lista, 28
Mi robot, 36

Nada de adultos, 113
No es justo, 14
No, 117
No, gracias, 21
Nuevo mundo, 62

Obediente, 90
Olimpio, 152

Paloma Pilas y sus 25 anguilas, 98
Pamela, 10
¿Papanatas?, 34
Paz Paticorta y Zac Zanquilargo, 35
Perro guardián, 132
Pez para mostrar, 116
Piesero remendón, 56
Pinocho, 46
Por la acera, 43
¿Por qué será?, 33
Prohibido el paso, 145
Protectora, 59

¡Puaj!, 151
Puercoespín, 114

¡Qué burro soy!, 29
¡Qué horror!, 19
Querría-podría-debería, 65
¿Quién es quién?, 53

Ruth la tatuadora, 45

¿Segura?, 25
Señor Cascarrabias, 95
Siento haberlo derramado, 124
¡Socorro!, 146

Tabas gatunas, 137
Teo el mentiroso, 109
Tiempo de calidad, 143
Trampolín, 24
Tres picaduras, 148
Trifulca mobiliaria, 32

Un armario lleno de zapatos, 118
Un tonto fabricante de lápices, 60
Un sueño raro, 168
Una de dieciséis, 120
Uso para un alce, 155

¡Vaya catarro!, 61
Villasincocos, 121

Zanahorias, 105

UNA VEZ MÁS

Por toda la paciencia y esmerado cuidado para que
este libro quedara lo mejor posible, mi más profunda
gratitud a Joan Robins, Robert Warren, Patty Aitken,
George Craig y Kim Llewellyn.

Y al comité seleccionador: Sarah, Matt, Peg,
Barbara, Herb, Rebecca, Sam y Edite.

Gracias a todos,

AQUÍ TERMINA EL LIBRO.
NO HAY NADA MÁS QUE VER.
COMO SIGAS BUSCANDO
ALGO MÁS EN LA CUBIERTA
VAS A... DESAPARECER.

¡ADIÓS!

S.S.